Javascript
per Principianti

Guida Completa
per Partire da Zero

di

Doran Fields

Indice:

Introduzione:

JavaScript è uno dei linguaggi di programmazione più popolari al mondo, ampiamente utilizzato per creare pagine web dinamiche e interattive. Se sei un principiante e vuoi imparare a programmare in JavaScript, allora questo libro è il tuo punto di partenza ideale.

Questo libro inizia con una panoramica di base su JavaScript e si concentra poi sui concetti fondamentali della programmazione in JavaScript, tra cui i tipi di dati, le variabili, gli operatori e le istruzioni di controllo. Verranno inoltre esaminati in dettaglio l'oggetto, l'array, il ciclo di vita degli eventi e la manipolazione del DOM.

In questo libro troverai anche informazioni sulle funzioni, sull'AJAX, sulla validazione dei dati, sulla gestione degli errori e sul debugging in JavaScript. Ogni capitolo è progettato per aiutarti a capire i concetti in modo chiaro e semplice, con esempi pratici e molte attività di programmazione.

Non è necessaria alcuna conoscenza precedente di programmazione per leggere questo libro, anche se è consigliabile avere una conoscenza di base di HTML e CSS. Se sei pronto ad iniziare a programmare in JavaScript, allora preparati per un viaggio emozionante e ricco di sfide.

Capitolo 1:

Introduzione a JavaScript

JavaScript è un linguaggio di programmazione interpretato a livello client-side che viene eseguito nel browser. Fu creato da Brendan Eich nel 1995 e da allora è diventato uno dei linguaggi di programmazione più popolari al mondo. JavaScript è usato principalmente per creare pagine web dinamiche e interattive, ma può anche essere utilizzato per programmi desktop, mobile e server-side.

In questo capitolo, ci concentreremo sulle basi di JavaScript, dalla sintassi alle funzioni principali. Cominceremo con la sintassi di base di JavaScript, la struttura fondamentale del codice e le regole di base per la scrittura del codice.

Sintassi di base di JavaScript

La sintassi di JavaScript è molto simile a quella di altri linguaggi di programmazione come C++ e Java. Tuttavia, ci sono alcune differenze importanti che lo rendono unico. Ad esempio, JavaScript è un linguaggio tipizzato dinamicamente, il che significa che il tipo di una variabile può cambiare durante l'esecuzione del programma. Inoltre, JavaScript è un linguaggio orientato agli oggetti, il che significa che gli oggetti sono i blocchi fondamentali di costruzione del codice.

Le variabili

In JavaScript, le variabili vengono utilizzate per memorizzare i dati. Per dichiarare una variabile, è necessario utilizzare la parola chiave "var" seguita dal nome della variabile e dal valore iniziale.

Ad esempio, la seguente riga di codice dichiara una variabile chiamata "nome" e le assegna il valore "John":

```
var nome = "John";
```

È anche possibile dichiarare una variabile senza assegnarle un valore iniziale. In questo caso, la variabile avrà il valore "undefined" finché non viene assegnato un valore:

```
var eta;
```

Inoltre, è possibile dichiarare più variabili contemporaneamente, separandole da virgole:

```
var nome = "John", cognome = "Doe", eta = 35;
```

I tipi di dati in JavaScript

JavaScript supporta diversi tipi di dati, tra cui i seguenti:

Numeri: sono utilizzati per rappresentare numeri, sia interi che decimali.

Stringhe: sono utilizzate per rappresentare il testo.

Booleani: sono utilizzati per rappresentare i valori "vero" o "falso".

Oggetti: sono utilizzati per rappresentare i dati complessi, come gli array e gli oggetti.

<u>Null:</u> viene utilizzato per rappresentare un valore nullo o non definito.

<u>Undefined:</u> viene utilizzato per rappresentare un valore non definito.

Gli operatori in JavaScript

In JavaScript, gli operatori vengono utilizzati per eseguire operazioni su variabili e valori. Ad esempio, gli operatori aritmetici vengono utilizzati per eseguire operazioni matematiche, come l'addizione e la sottrazione. Ecco alcuni degli operatori più comuni in JavaScript:

+: addizione

-: sottrazione

*: moltiplicazione

/: divisione

%: modulo (resto della divisione)

++: incremento di 1

--: decremento di 1

+=: addizione e assegnazione

-=: sottrazione e assegnazione

*=: moltiplicazione e assegnazione

/=: divisione e assegnazione

Ad esempio, il seguente codice esegue l'addizione di due numeri e assegna il risultato a una variabile:

```
var num1 = 10;

var num2 = 5;

var risultato = num1 + num2;
```

Le condizioni e i cicli

In JavaScript, le condizioni e i cicli vengono utilizzati per controllare il flusso del programma. Ad esempio, il ciclo "while" viene utilizzato per eseguire un blocco di codice finché una determinata condizione non viene soddisfatta. Ecco alcuni degli operatori di controllo del flusso più comuni in JavaScript:

if/else: viene utilizzato per eseguire un blocco di codice se una determinata condizione viene soddisfatta.

switch: viene utilizzato per eseguire un blocco di codice diverso a seconda del valore di una variabile.

while: viene utilizzato per eseguire un blocco di codice finché una determinata condizione non viene soddisfatta.

for: viene utilizzato per eseguire un blocco di codice un numero fisso di volte.

Ad esempio, il seguente codice utilizza un ciclo "for" per eseguire un blocco di codice cinque volte:

```
for(var i = 0; i < 5; i++){

console.log(i);
```

```
}
```

Le funzioni

Le funzioni sono un altro elemento fondamentale di JavaScript. Le funzioni vengono utilizzate per eseguire un blocco di codice quando viene chiamato il loro nome. Le funzioni possono ricevere argomenti e restituire valori. Ad esempio, il seguente codice definisce una funzione chiamata "somma" che riceve due argomenti e restituisce la loro somma:

```
function somma(num1, num2){

  return num1 + num2;

}


var risultato = somma(5, 10);

console.log(risultato); //stamperà 15
```

Conclusione

In questo primo capitolo abbiamo visto le basi di JavaScript, dalla sintassi di base alle funzioni principali. JavaScript è un linguaggio di programmazione molto potente e versatile che viene utilizzato in molti contesti diversi, dallo sviluppo web al mobile, fino al desktop e al server-side. Nelle prossime sezioni approfondiremo ulteriormente i vari aspetti di questo linguaggio, esaminando in particolare la sua architettura orientata agli oggetti e i vari framework e librerie che lo supportano.

Capitolo 2:

Le basi del linguaggio JavaScript

In questo secondo capitolo ci concentreremo sulle basi del linguaggio JavaScript, approfondendo i vari aspetti sintattici e semantici che caratterizzano questo linguaggio di programmazione.

Variabili e tipi di dati

In JavaScript, le variabili vengono utilizzate per memorizzare i dati e sono definite utilizzando la parola chiave "var". Esistono diversi tipi di dati in JavaScript, tra cui:

numeri

stringhe di testo

booleani (true/false)

oggetti

array

Ad esempio, il seguente codice definisce una variabile di tipo numero e una di tipo stringa:

```
var num1 = 10;

var nome = "Mario";
```

Le stringhe di testo vengono delimitate dalle virgolette, singole o doppie. È importante notare che in JavaScript le stringhe di testo sono immutabili, il che significa che una volta assegnato un valore a una stringa, non è possibile modificarlo direttamente.

Operatori

In JavaScript esistono diversi operatori per eseguire operazioni matematiche, confronti e assegnazioni. Ad esempio, i seguenti operatori matematici sono supportati in JavaScript:

+: addizione

-: sottrazione

*: moltiplicazione

/: divisione

Ad esempio, il seguente codice esegue l'addizione di due numeri e stampa il risultato sulla console:

```
var num1 = 10;

var num2 = 5;

var risultato = num1 + num2;

console.log(risultato); //stamperà 15
```

In JavaScript esistono anche gli operatori di confronto, come ad esempio:

==: uguaglianza

!=: disuguaglianza

<: minore di

: maggiore di

<=: minore o uguale a

=: maggiore o uguale a

Ad esempio, il seguente codice verifica se un numero è maggiore di un altro:

```
var num1 = 10;

var num2 = 5;

if(num1 > num2){

console.log("num1 è maggiore di num2");

}
```

Gli operatori di assegnazione consentono di assegnare valori a variabili. I seguenti operatori di assegnazione sono supportati in JavaScript:

=: assegnazione

+=: addizione e assegnazione

-=: sottrazione e assegnazione

*=: moltiplicazione e assegnazione

/=: divisione e assegnazione

Ad esempio, il seguente codice assegna il valore 5 alla variabile "num1" e quindi aggiunge 10 al suo valore corrente:

```
var num1 = 5;

num1 += 10; //num1 ora vale 15
```

Array

Gli array in JavaScript hanno numerosi metodi che permettono di manipolare i dati contenuti all'interno. Ad esempio, il metodo "push()" consente di aggiungere un elemento alla fine dell'array:

```
var numeri = [1, 2, 3, 4, 5];

numeri.push(6); //aggiunge il valore 6 alla fine dell'array numeri
```

Il metodo "pop()" consente di rimuovere l'ultimo elemento dall'array:

```
var numeri = [1, 2, 3, 4, 5];

numeri.pop(); //rimuove il valore 5 dall'array numeri
```

Il metodo "splice()" consente di rimuovere o aggiungere elementi in una posizione specifica dell'array. Ad esempio, il seguente codice rimuove il secondo elemento dall'array numeri:

```
var numeri = [1, 2, 3, 4, 5];

numeri.splice(1, 1); //rimuove l'elemento in posizione 1 (il valore 2)
```

Cicli

In JavaScript esistono diversi tipi di cicli che consentono di eseguire un blocco di codice ripetutamente fino a quando una condizione diventa falsa. Il ciclo "for" è uno dei più comuni e permette di eseguire un blocco di codice un numero specifico di volte. Ad esempio, il seguente codice stampa i numeri da 1 a 5 sulla console:

```
for(var i = 1; i <= 5; i++){

  console.log(i);

}
```

Il ciclo "while" invece esegue un blocco di codice finché una condizione è vera. Ad esempio, il seguente codice stampa i numeri da 1 a 5 sulla console utilizzando un ciclo while:

```
var i = 1;

while(i <= 5){

  console.log(i);

  i++;

}
```

Funzioni

In JavaScript le funzioni sono utilizzate per raggruppare il codice in modo da poterlo riutilizzare. Le funzioni possono essere definite utilizzando la parola chiave "function" e possono accettare uno o più parametri. Ad esempio, il seguente codice definisce una funzione che calcola la somma di due numeri e restituisce il risultato:

```
function somma(num1, num2){

 return num1 + num2;

}

var risultato = somma(5, 10); //risultato conterrà il valore 15
```

Conclusioni

In questo capitolo abbiamo visto le basi del linguaggio JavaScript, tra cui le variabili, gli operatori, gli array, i cicli e le funzioni. Questi sono i mattoni fondamentali per la programmazione in JavaScript e saranno utilizzati ampiamente nei capitoli successivi. In particolare, nei prossimi capitoli approfondiremo la programmazione orientata agli oggetti in JavaScript e l'utilizzo di librerie esterne per lo sviluppo di applicazioni web.

Capitolo 3:

In JavaScript, i dati sono classificati in tipi primitivi e oggetti. I tipi primitivi includono numeri, stringhe, booleani, null e undefined. Gli oggetti, d'altra parte, sono una raccolta di proprietà e metodi. In questo capitolo, esploreremo in dettaglio i tipi di dati in JavaScript.

Numeri

I numeri in JavaScript sono rappresentati come numeri a virgola mobile. Questo significa che i numeri possono contenere decimali e possono essere scritti con la notazione esponenziale. Ad esempio:

```
let x = 3.14159; // numero decimale

let y = 123e5; // 12300000

let z = 123e-5; // 0.00123
```

Le operazioni matematiche comuni sono supportate in JavaScript, come l'addizione (+), la sottrazione (-), la moltiplicazione (*) e la divisione (/). Inoltre, ci sono anche operatori per il resto (%) e l'elevamento a potenza (**).

Stringhe

Le stringhe in JavaScript sono una sequenza di caratteri racchiusi tra apici singoli o doppi. Ad esempio:

```
let str1 = 'Ciao, mondo!';

let str2 = "Sono una stringa.";
```

Le stringhe supportano anche molte operazioni comuni, come la concatenazione (+), l'estrazione della sottostringa (substring), la ricerca del carattere (indexOf), la sostituzione del carattere (replace) e altro ancora.

Booleani

I booleani in JavaScript rappresentano un valore vero o falso. Il valore true rappresenta vero e il valore false rappresenta falso. Ad esempio:

```
let x = 5;

let y = 10;

let z = x < y; // true
```

Null e undefined

Null e undefined sono i tipi di dati speciali in JavaScript. Il valore null rappresenta l'assenza di un valore, mentre il valore undefined rappresenta una variabile a cui non è stato assegnato un valore. Ad esempio:

```
let x = null; // x è null

let y; // y è undefined
```

Oggetti

Gli oggetti in JavaScript sono una raccolta di proprietà e metodi. Le proprietà sono coppie chiave-valore e i metodi sono funzioni associate all'oggetto. Ad esempio:

```
let persona = {

nome: "Mario",

cognome: "Rossi",

eta: 35,

salute: function() {

console.log("Ciao, sono " + this.nome + " e sto bene!");

}

};
```

In questo esempio, abbiamo definito un oggetto persona con quattro proprietà: nome, cognome, età e salute (un metodo). Possiamo accedere alle proprietà di un oggetto utilizzando la notazione del punto o la notazione delle parentesi quadre. Ad esempio:

```
console.log(persona.nome); // "Mario"

console.log(persona["cognome"]); // "Rossi"
```

In questo capitolo abbiamo visto i tipi di dati in JavaScript, tra cui numeri, stringhe, booleani, null, undefined e oggetti. Ora che abbiamo una comprensione di base dei tipi di dati, possiamo procedere a esplorare come utilizzare questi dati in programmi JavaScript complessi.

Capitolo 4:

Le variabili e le costanti in JavaScript

In questo capitolo, esploreremo le variabili e le costanti in JavaScript. Le variabili sono elementi fondamentali in qualsiasi linguaggio di programmazione e JavaScript non fa eccezione. Vedremo come definire variabili e costanti in JavaScript, come assegnare valori alle variabili e costanti e come utilizzarle all'interno del nostro codice.

Definizione di variabili e costanti

In JavaScript, le variabili possono essere definite utilizzando la parola chiave "var", "let" o "const". Ad esempio, possiamo definire una variabile utilizzando la parola chiave "var" nel seguente modo:

```
var nomeVariabile;
```

Questo codice definisce una variabile chiamata "nomeVariabile" ma non le assegna alcun valore. Possiamo anche definire una costante utilizzando la parola chiave "const":

```
const nomeCostante = 10;
```

In questo esempio, stiamo definendo una costante chiamata "nomeCostante" e assegnandole il valore 10. Le costanti sono utilizzate per rappresentare valori che non devono essere modificati all'interno del nostro codice.

Assegnazione di valori alle variabili e costanti

Possiamo assegnare un valore a una variabile o costante utilizzando l'operatore di assegnazione "=".

```
var nomeVariabile = "valore";

const nomeCostante = 10;
```

In questo esempio, stiamo assegnando alla variabile "nomeVariabile" il valore "valore" e alla costante "nomeCostante" il valore 10.

Utilizzo di variabili e costanti

Possiamo utilizzare variabili e costanti all'interno del nostro codice per rappresentare valori che possono essere modificati o meno. Ad esempio, possiamo utilizzare la variabile "nomeVariabile" nel seguente modo:

```
var nomeVariabile = "valore";

console.log(nomeVariabile);
```

In questo esempio, stiamo utilizzando la funzione "console.log" per stampare il valore della variabile "nomeVariabile" sulla console.

In JavaScript, possiamo anche utilizzare la notazione punto per accedere alle proprietà degli oggetti. Ad esempio, se abbiamo un oggetto chiamato "persona" con una proprietà chiamata "nome", possiamo accedere alla proprietà "nome" utilizzando la notazione punto:

```
var persona = {nome: "Mario", cognome: "Rossi"};

console.log(persona.nome);
```

In questo esempio, stiamo stampando il valore della proprietà "nome" dell'oggetto "persona" sulla console.

Conclusione

In questo capitolo, abbiamo visto come definire variabili e costanti in JavaScript, come assegnare valori alle variabili e costanti e come utilizzarle all'interno del nostro codice. Le variabili e le costanti sono elementi fondamentali in qualsiasi programma JavaScript e sono utilizzate per rappresentare valori che possono essere modificati o meno.

Capitolo 5:

Gli operatori in JavaScript

Gli operatori sono simboli speciali che eseguono un'operazione su uno o più operandi e restituiscono un risultato. In JavaScript, ci sono vari tipi di operatori, come operatori aritmetici, operatori di confronto, operatori logici, operatori di assegnazione e molti altri. In questo capitolo, esploreremo i diversi tipi di operatori in JavaScript.

Operatori aritmetici

Gli operatori aritmetici sono utilizzati per eseguire operazioni matematiche su numeri. I principali operatori aritmetici in JavaScript sono:

+ (addizione): restituisce la somma di due operandi.

- (sottrazione): restituisce la differenza tra due operandi.

* (moltiplicazione): restituisce il prodotto di due operandi.

/ (divisione): restituisce il quoziente di due operandi.

% (modulo): restituisce il resto di una divisione intera.

Ad esempio:

```
let x = 10;

let y = 3;

let z = x + y; // z sarà uguale a 13

let w = x % y; // w sarà uguale a 1
```

Operatori di confronto

Gli operatori di confronto sono utilizzati per confrontare due valori. Restituiscono un valore booleano (vero o falso) in base al risultato del confronto. I principali operatori di confronto in JavaScript sono:

== (uguale): confronta se due operandi sono uguali, senza verificare il tipo di dato.

=== (uguale in valore e tipo): confronta se due operandi sono uguali, anche per tipo di dato.

!= (diverso): confronta se due operandi sono diversi, senza verificare il tipo di dato.

!== (diverso in valore o tipo): confronta se due operandi sono diversi, anche per tipo di dato.

> (maggiore): confronta se un operando è maggiore dell'altro.

< (minore): confronta se un operando è minore dell'altro.

= (maggiore o uguale): confronta se un operando è maggiore o uguale all'altro.

<= (minore o uguale): confronta se un operando è minore o uguale all'altro.

Ad esempio:

```
let x = 10;

let y = 5;

let z = x > y; // z sarà uguale a true
```

```
let w = x === '10'; // w sarà uguale a false perché x è di tipo
number, mentre '10' è di tipo stringa
```

Operatori logici

Gli operatori logici permettono di combinare condizioni booleane.
In JavaScript, abbiamo tre operatori logici: AND logico (&&), OR
logico (||) e NOT logico (!).

L'AND logico restituisce true solo se entrambe le condizioni che
combina sono vere. L'OR logico restituisce true se almeno una
delle due condizioni è vera. Il NOT logico invece inverte il valore
booleano della condizione che precede l'operatore.

Ad esempio:

```
let x = 5;
let y = 10;


// AND logico
if (x > 0 && y > 0) {
  console.log("Entrambi i numeri sono positivi");
}


// OR logico
if (x > 0 || y > 0) {
```

```
    console.log("Almeno uno dei due numeri è positivo");

  }


  // NOT logico

  if (!(x > 0)) {

    console.log("x non è maggiore di 0");

  }
```

In questo esempio, se x e y sono entrambi positivi, verrà stampato il messaggio "Entrambi i numeri sono positivi" grazie all'AND logico. Se invece uno dei due è positivo, verrà stampato il messaggio "Almeno uno dei due numeri è positivo" grazie all'OR logico. Infine, se x non è maggiore di 0, verrà stampato il messaggio "x non è maggiore di 0" grazie al NOT logico.

Oltre agli operatori logici, esiste anche l'operatore ternario, che permette di scrivere una condizione in modo più conciso. L'operatore ternario ha la seguente sintassi:

```
    condizione ? espressione1 : espressione2
```

Se la condizione è vera, viene restituita l'espressione1, altrimenti viene restituita l'espressione2.

Ad esempio:

```
    let x = 10;

    let y = x > 5 ? "x è maggiore di 5" : "x è minore o uguale a 5";
```

```
console.log(y); // "x è maggiore di 5"
```

In questo caso, viene assegnato alla variabile y il valore "x è maggiore di 5" se x è maggiore di 5, altrimenti viene assegnato il valore "x è minore o uguale a 5".

Nel prossimo capitolo, vedremo come utilizzare le strutture di controllo in JavaScript.

Capitolo 6:

Le istruzioni di controllo in JavaScript

Le istruzioni di controllo in JavaScript consentono di controllare il flusso di esecuzione del codice. In questo capitolo vedremo le tre principali istruzioni di controllo: if, switch e for.

L'istruzione if

L'istruzione if è la più semplice delle istruzioni di controllo. Consente di eseguire un blocco di codice solo se una determinata condizione è vera. La sintassi di base è la seguente:

```
if (condizione) {

    // blocco di codice da eseguire se la condizione è vera

}
```

Ad esempio, il seguente codice verifica se un numero è maggiore di 10 e in caso affermativo stampa un messaggio sulla console:

```
const numero = 15;

if (numero > 10) {

    console.log("Il numero è maggiore di 10");

}
```

Se la condizione è falsa, il blocco di codice non viene eseguito.

L'istruzione if può essere estesa con l'uso delle istruzioni else e else if. Ad esempio, il seguente codice verifica se un numero è maggiore, minore o uguale a 10 e stampa un messaggio appropriato sulla console:

```
const numero = 15;

if (numero > 10) {

  console.log("Il numero è maggiore di 10");

} else if (numero < 10) {

  console.log("Il numero è minore di 10");

} else {

  console.log("Il numero è uguale a 10");

}
```

L'istruzione switch

L'istruzione switch consente di eseguire diverse azioni in base al valore di una variabile. La sintassi è la seguente:

```
switch (espressione) {

  case valore1:

    // blocco di codice da eseguire se espressione è uguale a valore1

    break;

  case valore2:

    // blocco di codice da eseguire se espressione è uguale a valore2
```

```
    break;
  default:
    // blocco di codice da eseguire se nessun caso
    corrisponde a espressione
  }
```

Ad esempio, il seguente codice verifica il valore di una variabile giorno e stampa un messaggio appropriato sulla console:

```
const giorno = "lunedì";
switch (giorno) {
  case "lunedì":
  case "martedì":
  case "mercoledì":
  case "giovedì":
  case "venerdì":
  console.log("È un giorno lavorativo");
    break;
  case "sabato":
  case "domenica":
    console.log("È un giorno festivo");
    break;
  default:
  console.log("Valore non valido");
```

```
}
```

L'istruzione for

L'istruzione for è composta da tre parti: l'inizializzazione, la condizione di continuazione e l'aggiornamento. La sintassi generale dell'istruzione for è la seguente:

```
for (inizializzazione; condizione di continuazione;
aggiornamento) {

    // blocco di codice da eseguire

}
```

L'inizializzazione viene eseguita solo una volta all'inizio del ciclo. È possibile dichiarare una o più variabili all'interno dell'inizializzazione. La condizione di continuazione viene valutata all'inizio di ogni iterazione del ciclo. Se la condizione è vera, il blocco di codice all'interno delle parentesi graffe viene eseguito. Dopo l'esecuzione del blocco di codice, viene eseguita l'aggiornamento, che può essere ad esempio l'incremento o il decremento di una variabile. Dopo l'aggiornamento, la condizione di continuazione viene valutata di nuovo e, se è ancora vera, il blocco di codice viene eseguito di nuovo. Questo processo viene ripetuto finché la condizione di continuazione diventa falsa.

Ecco un esempio di come utilizzare l'istruzione for:

```
for (var i = 0; i < 10; i++) {

    console.log(i);
```

```
    }
```

In questo esempio, viene dichiarata una variabile i e viene inizializzata a 0. La condizione di continuazione I < 10 viene valutata all'inizio di ogni iterazione del ciclo. Se la condizione è vera, viene eseguito il blocco di codice che consiste semplicemente nell'output della variabile i. Dopo l'esecuzione del blocco di codice, viene eseguita l'aggiornamento i++, che incrementa la variabile i di 1. Questo processo viene ripetuto finché la condizione di continuazione i < 10 diventa falsa.

È importante notare che la variabile dichiarata nell'inizializzazione è accessibile solo all'interno del blocco di codice dell'istruzione for. Inoltre, se la condizione di continuazione non viene mai soddisfatta, il blocco di codice non viene mai eseguito.

In JavaScript esistono anche altri tipi di istruzioni di controllo, come l'istruzione switch, che permette di eseguire un blocco di codice differente a seconda del valore di una variabile, e l'istruzione continue, che permette di interrompere l'iterazione corrente di un ciclo e passare alla successiva.

L'uso di queste istruzioni di controllo può rendere il codice più chiaro e leggibile, ma è importante utilizzarle con parsimonia e con attenzione per evitare errori e problemi di manutenzione del codice.

Capitolo 7:

Le funzioni in JavaScript

Le funzioni sono uno degli elementi chiave della programmazione in JavaScript. In questo capitolo esploreremo cosa sono le funzioni, come definirle e come utilizzarle per scrivere codice più pulito ed efficiente.

Cos'è una funzione in JavaScript?

In JavaScript, una funzione è un blocco di codice che esegue un'azione specifica. Può essere chiamata in qualsiasi punto del programma per eseguire l'azione definita. Le funzioni possono essere utilizzate per eseguire un'azione specifica su una serie di dati, o per restituire un valore calcolato a partire da un insieme di dati.

Definizione di una funzione

Per definire una funzione in JavaScript, utilizziamo la parola chiave "function". La sintassi di base per la definizione di una funzione è la seguente:

```
function nomeFunzione(parametro1, parametro2, ...) {

    // blocco di codice

    return valore;

}
```

Il nome della funzione è seguito da una serie di parametri tra parentesi tonde. Questi parametri rappresentano i dati che la funzione utilizzerà per eseguire l'azione specificata. Il blocco di codice tra parentesi graffe contiene le istruzioni che la funzione eseguirà. Infine, la funzione può restituire un valore utilizzando l'istruzione "return".

Esempio di definizione di una funzione:

```
function saluta(nome) {

    return "Ciao " + nome + "!";

}
```

In questo esempio, abbiamo definito una funzione chiamata "saluta" che accetta un parametro chiamato "nome". La funzione restituisce una stringa che saluta la persona specificata dal parametro "nome".

Utilizzo delle funzioni

Una volta definita una funzione, può essere utilizzata ovunque nel programma. Per chiamare una funzione, utilizziamo il nome della funzione seguito dai valori dei parametri tra parentesi tonde. Il valore restituito dalla funzione può essere assegnato a una variabile o utilizzato direttamente in una istruzione.

Esempio di chiamata di una funzione:

```
var saluto = saluta("Marco");

console.log(saluto); // Output: "Ciao Marco!"
```

In questo esempio, abbiamo chiamato la funzione "saluta" passando il valore "Marco" come parametro. Il valore restituito dalla funzione è stato assegnato alla variabile "saluto" e poi stampato sulla console.

Funzioni anonime

In JavaScript, è anche possibile definire funzioni anonime che non hanno un nome specifico. Le funzioni anonime sono spesso utilizzate come callback o come argomenti per altre funzioni.

Esempio di funzione anonima:

```
var saluta = function(nome) {

  return "Ciao " + nome + "!";

}
```

In questo esempio, abbiamo definito una funzione anonima assegnandola a una variabile chiamata "saluta". La funzione accetta un parametro "nome" e restituisce una stringa di saluto.

Conclusione

Le funzioni sono una parte essenziale di JavaScript e sono uno strumento potente per la creazione di applicazioni web interattive e dinamiche. Speriamo che ora tu abbia una buona conoscenza di come creare, chiamare e utilizzare le funzioni in JavaScript.

Nel prossimo capitolo, esploreremo il concetto di oggetti in JavaScript e come utilizzarli per creare applicazioni web ancora più avanzate.

Capitolo 8:

L'oggetto in JavaScript

L'oggetto in JavaScript è una delle caratteristiche più importanti del linguaggio di programmazione e rappresenta uno dei modi più potenti per organizzare e manipolare i dati. In questo capitolo, esploreremo in dettaglio cosa sono gli oggetti in JavaScript, come crearli e manipolarli.

Cos'è un oggetto in JavaScript?

In JavaScript, un oggetto è una raccolta di proprietà, che possono essere definite come coppie chiave-valore. Le proprietà possono contenere qualsiasi tipo di valore, inclusi numeri, stringhe, array, funzioni e anche altri oggetti.

Per creare un oggetto in JavaScript, si può utilizzare la sintassi seguente:

```
let oggetto = {

proprietà1: valore1,

proprietà2: valore2,

...

}
```

Nell'esempio sopra, abbiamo creato un oggetto con due proprietà, proprietà1 e proprietà2, e i loro valori sono valore1 e valore2, rispettivamente.

Accesso alle proprietà dell'oggetto

Le proprietà di un oggetto possono essere accessibili utilizzando la notazione a punto o la notazione a chiave.

La notazione a punto viene utilizzata quando si conosce il nome della proprietà. Ad esempio, per accedere alla proprietà proprietà1 dell'oggetto sopra creato, possiamo scrivere:

oggetto.proprietà1

La notazione a chiave viene utilizzata quando il nome della proprietà è contenuto in una variabile o quando il nome della proprietà contiene spazi o caratteri speciali. Ad esempio, per accedere alla proprietà proprietà2 dell'oggetto sopra creato utilizzando la notazione a chiave, possiamo scrivere:

oggetto['proprietà2']

Aggiunta di proprietà all'oggetto

Le proprietà di un oggetto possono essere aggiunte o modificate in qualsiasi momento dopo la creazione dell'oggetto. Per aggiungere una nuova proprietà all'oggetto, si può scrivere:

oggetto.nuovaProprietà = valore

Rimozione di proprietà dall'oggetto

Le proprietà di un oggetto possono anche essere rimosse utilizzando l'operatore delete. Ad esempio, per rimuovere la proprietà proprietà1 dall'oggetto sopra creato, possiamo scrivere:

delete oggetto.proprietà1

Looping attraverso le proprietà dell'oggetto

Per iterare attraverso tutte le proprietà di un oggetto, si può utilizzare un ciclo for-in. Ad esempio, il seguente codice stampa tutte le proprietà dell'oggetto sopra creato:

```
for (let chiave in oggetto) {

    console.log(chiave + ': ' + oggetto[chiave])

}
```

Utilizzo degli oggetti in JavaScript

Dopo aver appreso le basi degli oggetti in JavaScript, è possibile utilizzarli in diversi modi per creare applicazioni web interattive e dinamiche. In questo capitolo, esploreremo alcuni dei modi in cui gli oggetti possono essere utilizzati in JavaScript.

Utilizzo degli oggetti per la gestione degli eventi

Gli eventi sono azioni dell'utente o del browser, come il clic su un pulsante o il caricamento di una pagina. In JavaScript, gli oggetti possono essere utilizzati per gestire gli eventi e creare applicazioni interattive. Ad esempio, è possibile utilizzare l'oggetto "addEventListener" per aggiungere un evento a un elemento HTML e definire una funzione per gestire l'evento.

Utilizzo degli oggetti per la validazione dei dati

Gli oggetti possono essere utilizzati per validare i dati inseriti dall'utente in un modulo web. Ad esempio, è possibile creare un oggetto "Validator" che controlla se il campo "email" è stato compilato correttamente e se il campo "password" contiene almeno otto caratteri.

Utilizzo degli oggetti per la manipolazione del DOM

Il DOM (Document Object Model) rappresenta la struttura HTML di una pagina web e consente agli sviluppatori di manipolare gli elementi della pagina utilizzando JavaScript. Gli oggetti possono essere utilizzati per accedere e modificare gli elementi del DOM, ad esempio per cambiare il colore di un testo o per aggiungere un nuovo elemento alla pagina.

Utilizzo degli oggetti per la creazione di animazioni

Gli oggetti possono essere utilizzati per creare animazioni in JavaScript. Ad esempio, è possibile utilizzare l'oggetto "setInterval" per creare un'animazione che si ripete a intervalli regolari o utilizzare l'oggetto "requestAnimationFrame" per creare un'animazione più fluida.

Utilizzo degli oggetti per la gestione delle date

Gli oggetti "Date" in JavaScript consentono di gestire le date e le ore in un formato standard. È possibile utilizzare gli oggetti "Date" per eseguire operazioni come l'aggiunta di giorni a una data o il calcolo della differenza tra due date.

In sintesi, gli oggetti in JavaScript sono un'importante funzionalità del linguaggio che possono essere utilizzati per creare applicazioni web interattive e dinamiche. Dalle gestione degli eventi alla validazione dei dati, dalla manipolazione del DOM alla creazione di animazioni e alla gestione delle date, gli oggetti possono essere utilizzati in molti modi diversi per migliorare l'esperienza dell'utente e rendere le applicazioni web più funzionali.

Capitolo 9:

L'array in JavaScript

Un array è una struttura di dati in cui è possibile memorizzare e accedere a più elementi di dati dello stesso tipo in una singola variabile. In JavaScript, gli array sono un tipo di oggetto che ha una proprietà length e un insieme di metodi per manipolare gli elementi.

Creazione di un array in JavaScript

Per creare un array in JavaScript, è possibile utilizzare la seguente sintassi:

```
let array = [element1, element2, ..., elementN];
```

Dove element1, element2, ..., elementN sono gli elementi che si desidera inserire nell'array.

Ad esempio, per creare un array di numeri interi, è possibile

```
let numeri = [1, 2, 3, 4, 5];
```

È anche possibile creare un array vuoto e successivamente aggiungere elementi al suo interno:

```
let arrayVuoto = [];

arrayVuoto.push("elemento1");

arrayVuoto.push("elemento2");

arrayVuoto.push("elemento3");
```

Accesso agli elementi dell'array

Per accedere agli elementi di un array, è possibile utilizzare l'indice dell'elemento desiderato all'interno delle parentesi quadre:

```
let numeri = [1, 2, 3, 4, 5];

console.log(numeri[0]); // stampa 1

console.log(numeri[2]); // stampa 3
```

È anche possibile utilizzare una variabile per l'indice:

```
let indice = 1;

console.log(numeri[indice]); // stampa 2
```

Modifica degli elementi dell'array

Per modificare un elemento dell'array, è sufficiente assegnare un nuovo valore all'indice desiderato:

```
let numeri = [1, 2, 3, 4, 5];

numeri[2] = 6;

console.log(numeri); // stampa [1, 2, 6, 4, 5]
```

Iterazione su un array

Per iterare su tutti gli elementi di un array, è possibile utilizzare il ciclo for:

```
let numeri = [1, 2, 3, 4, 5];
```

```
for(let i = 0; i < numeri.length; i++) {

    console.log(numeri[i]);

}
```

È anche possibile utilizzare il metodo forEach per iterare sugli elementi dell'array:

```
let numeri = [1, 2, 3, 4, 5];

numeri.forEach(function(numero) {

    console.log(numero);

});
```

Metodi degli array

Gli array sono uno dei tipi di dati più importanti in JavaScript e sono usati comunemente per contenere insiemi di valori correlati. Per manipolare gli array, JavaScript fornisce un vasto insieme di metodi integrati, che possono essere usati per effettuare una varietà di operazioni come aggiungere o rimuovere elementi, ordinare gli elementi, filtrare gli elementi in base a un criterio, mappare gli elementi per ottenere un nuovo array e molto altro.

Ecco alcuni dei metodi più comuni degli array in JavaScript:

push(): Aggiunge un elemento alla fine dell'array.

pop(): Rimuove l'ultimo elemento dall'array.

shift(): Rimuove il primo elemento dall'array.

unshift(): Aggiunge un elemento all'inizio dell'array.

splice(): Permette di aggiungere, rimuovere o sostituire elementi dell'array.

slice(): Crea una copia di una parte dell'array.

concat(): Unisce due o più array in un unico array.

reverse(): Inverte l'ordine degli elementi dell'array.

sort(): Ordina gli elementi dell'array in ordine alfabetico o numerico.

filter(): Crea un nuovo array contenente solo gli elementi che soddisfano una condizione specifica.

map(): Crea un nuovo array contenente i risultati di una funzione applicata ad ogni elemento dell'array originale.

forEach(): Esegue una funzione per ogni elemento dell'array.

reduce(): Applica una funzione riduttrice all'array e restituisce un singolo valore.

Questi sono solo alcuni degli innumerevoli metodi degli array disponibili in JavaScript. La conoscenza di questi metodi e la capacità di utilizzarli efficacemente può fare la differenza nella scrittura di codice JavaScript efficiente e funzionale.

Ecco alcuni esempi pratici per il metodo push() degli array in JavaScript:

Esempio 1: Aggiunta di elementi all'array

```
let arr = ['pomodoro', 'insalata', 'patate'];

arr.push('carote', 'cetrioli');

console.log(arr); // Output: ['pomodoro', 'insalata',
'patate', 'carote', 'cetrioli']
```

In questo esempio, abbiamo un array di frutta e verdura, e utilizziamo il metodo push() per aggiungere due elementi all'array, ovvero 'carote' e 'cetrioli'. Il metodo push() aggiunge questi elementi alla fine dell'array.

```
let arr = [];

arr.push('rosso');

arr.push('blu');

arr.push('verde');

console.log(arr); // Output: ['rosso', 'blu', 'verde']
```

In questo esempio, abbiamo un array vuoto e utilizziamo il metodo push() per aggiungere elementi uno alla volta. In questo modo, costruiamo l'array passo dopo passo.

Esempio 3: Aggiunta di oggetti all'array

```
let arr = [ {nome: 'Marco', età: 28}, {nome: 'Giovanni', età:
35}, {nome: 'Paolo', età: 42}];

arr.push({nome: 'Anna', età: 21});
```

console.log(arr); // Output: [{nome: 'Marco', età: 28},
{nome: 'Giovanni', età: 35}, {nome: 'Paolo', età: 42},
{nome: 'Anna', età: 21}]

In questo esempio, abbiamo un array di oggetti che
rappresentano alcune persone. Utilizziamo il metodo push() per
aggiungere un nuovo oggetto all'array, che rappresenta una
persona di nome Anna e di età 21.

Ecco alcuni esempi pratici per il metodo pop() degli array in
JavaScript:

Il metodo pop() rimuove l'ultimo elemento dall'array e lo
restituisce. Vediamo alcuni esempi:

```
// Dichiarazione di un array

let numeri = [1, 2, 3, 4, 5];


// Rimuovi l'ultimo elemento e restituiscilo

let ultimoNumero = numeri.pop();

console.log(ultimoNumero); // Output: 5


// Stampa l'array dopo l'eliminazione dell'ultimo elemento

console.log(numeri); // Output: [1, 2, 3, 4]
```

In questo esempio, abbiamo dichiarato un array di numeri e
abbiamo usato il metodo pop() per rimuovere l'ultimo elemento,

che era il numero 5. Abbiamo quindi stampato il valore restituito dal metodo pop(), che era 5, e abbiamo stampato l'array aggiornato senza l'ultimo elemento.

```
// Dichiarazione di un array

let frutta = ['mela', 'banana', 'kiwi', 'arancia'];


// Rimuovi l'ultimo elemento e restituiscilo

let ultimaFrutta = frutta.pop();

console.log(ultimaFrutta); // Output: "arancia"


// Stampa l'array dopo l'eliminazione dell'ultimo elemento

console.log(frutta); // Output: ["mela", "banana", "kiwi"]
```

In questo esempio, abbiamo usato il metodo pop() per rimuovere l'ultimo elemento dall'array di frutta, che era "arancia". Abbiamo quindi stampato il valore restituito dal metodo pop(), che era "arancia", e abbiamo stampato l'array aggiornato senza l'ultimo elemento.

Ecco alcuni esempi pratici per il metodo shift() degli array in JavaScript:

Esempio 1:

```
const numbers = [1, 2, 3, 4, 5];
```

```
const firstNumber = numbers.shift();

console.log(firstNumber); // Output: 1

console.log(numbers); // Output: [2, 3, 4, 5]
```

In questo esempio, abbiamo un array di numeri e usiamo il metodo shift() per rimuovere il primo elemento dell'array e assegnarlo alla variabile firstNumber. Successivamente, stampiamo il valore di firstNumber e l'array numbers dopo la rimozione del primo elemento.

Esempio 2:

```
const fruits = ["apple", "banana", "orange", "pear"];

const firstFruit = fruits.shift();

console.log(firstFruit); // Output: "apple"

console.log(fruits); // Output: ["banana", "orange", "pear"]
```

In questo esempio, abbiamo un array di frutti e usiamo il metodo shift() per rimuovere il primo elemento dell'array e assegnarlo alla variabile firstFruit. Successivamente, stampiamo il valore di firstFruit e l'array fruits dopo la rimozione del primo elemento.

Esempio 3:

```
const letters = ["a", "b", "c"];

const shiftedLetters = letters.shift();

console.log(shiftedLetters); // Output: "a"
```

```
console.log(letters); // Output: ["b", "c"]
```

In questo esempio, abbiamo un array di lettere e usiamo il metodo shift() per rimuovere il primo elemento dell'array e assegnarlo alla variabile shiftedLetters. Successivamente, stampiamo il valore di shiftedLetters e l'array letters dopo la rimozione del primo elemento.

Ecco alcuni esempi pratici di come utilizzare il metodo unshift() degli array in JavaScript:

Esempio 1: Aggiunta di elementi all'inizio dell'array utilizzando unshift()

```
let frutta = ["mela", "banana", "arancia"];

console.log("Array originale: " + frutta);


// Aggiungiamo "limone" e "ananas" all'inizio dell'array

frutta.unshift("limone", "ananas");

console.log("Array dopo l'utilizzo di unshift(): " + frutta);
```

Output:

```
Array originale: mela,banana,arancia

Array dopo l'utilizzo di unshift():
limone,ananas,mela,banana,arancia
```

In questo esempio, abbiamo definito un array di frutta e utilizzato il metodo unshift() per aggiungere due elementi all'inizio dell'array. Il risultato è un array con i nuovi elementi all'inizio.

Esempio 2: Aggiunta di un elemento all'inizio dell'array utilizzando

```
let numeri = [2, 3, 4];

console.log("Array originale: " + numeri);


// Aggiungiamo "1" all'inizio dell'array

numeri.unshift(1);

console.log("Array dopo l'utilizzo di unshift(): " + numeri);
```

Output:

```
Array originale: 2,3,4

Array dopo l'utilizzo di unshift(): 1,2,3,4
```

In questo esempio, abbiamo definito un array di numeri e utilizzato il metodo unshift() per aggiungere un nuovo elemento all'inizio dell'array. Il risultato è un array con il nuovo elemento all'inizio.

Esempio 3: Aggiunta di un oggetto all'inizio dell'array utilizzando unshift()

```
let persone = [{nome: "Mario", età: 32}, {nome: "Luca", età: 24}];

console.log("Array originale: ");
```

```
console.log(persone);

// Aggiungiamo un nuovo oggetto all'inizio dell'array
persone.unshift({nome: "Maria", età: 28});
console.log("Array dopo l'utilizzo di unshift(): ");
console.log(persone);
```

Output:

```
Array originale:
[ { nome: 'Mario', età: 32 }, { nome: 'Luca', età: 24 } ]
Array dopo l'utilizzo di unshift():
[
  { nome: 'Maria', età: 28 },
  { nome: 'Mario', età: 32 },
  { nome: 'Luca', età: 24 }
]
```

In questo esempio, abbiamo definito un array di oggetti rappresentanti persone e utilizzato il metodo unshift() per aggiungere un nuovo oggetto all'inizio dell'array. Il risultato è un array con il nuovo oggetto all'inizio.

Ecco alcuni esempi pratici sull'utilizzo del metodo splice() degli array in JavaScript:

Esempio 1: Rimuovere elementi da un array

```
let numbers = [1, 2, 3, 4, 5];

numbers.splice(2, 2); // Rimuove gli elementi a partire dalla posizione 2 (inclusa) fino a 2 elementi successivi

console.log(numbers); // Output: [1, 2, 5]
```

Esempio 2: Inserire elementi in un array

```
let fruits = ['banana', 'mela', 'arancia'];

fruits.splice(1, 0, 'pesca', 'kiwi'); // Inserisce 'pesca' e 'kiwi' a partire dalla posizione 1 dell'array

console.log(fruits); // Output: ['banana', 'pesca', 'kiwi', 'mela', 'arancia']
```

Esempio 3: Sostituire elementi in un array

```
let colors = ['rosso', 'verde', 'blu'];

colors.splice(1, 1, 'giallo', 'arancione'); // Sostituisce l'elemento in posizione 1 con 'giallo' e 'arancione'

console.log(colors); // Output: ['rosso', 'giallo', 'arancione', 'blu']
```

In generale, il metodo splice() permette di modificare un array rimuovendo, sostituendo o inserendo elementi in posizioni specifiche. La sintassi del metodo è la seguente: array.splice(start, deleteCount, item1, item2, ...). start indica l'indice di partenza dell'operazione di modifica, deleteCount indica il numero di elementi da rimuovere (se 0, non viene eliminato nessun elemento), e item1, item2, ecc. indicano gli elementi da inserire in posizione start.

Ecco alcuni esempi pratici per il metodo slice() degli array in JavaScript:

Esempio base:

```
const arr = ['mela', 'banana', 'arancia', 'kiwi', 'limone'];

const sliceArr = arr.slice(1, 4);

console.log(sliceArr); // ['banana', 'arancia', 'kiwi']
```

In questo esempio, slice viene utilizzato per creare un nuovo array che include gli elementi dal secondo al quarto dell'array originale.

Esempio con valore negativo:

```
const arr = ['mela', 'banana', 'arancia', 'kiwi', 'limone'];

const sliceArr = arr.slice(-3);

console.log(sliceArr); // ['arancia', 'kiwi', 'limone']
```

In questo esempio, slice viene utilizzato per creare un nuovo array che include gli ultimi tre elementi dell'array originale.

Esempio con array di oggetti:

```
const arr = [

  { nome: 'Mario', cognome: 'Rossi', età: 30 },

  { nome: 'Paola', cognome: 'Verdi', età: 25 },

  { nome: 'Luca', cognome: 'Neri', età: 40 },

  { nome: 'Giulia', cognome: 'Bianchi', età: 35 }

];

const sliceArr = arr.slice(1, 3);

console.log(sliceArr);

/*

[

  { nome: 'Paola', cognome: 'Verdi', età: 25 },

  { nome: 'Luca', cognome: 'Neri', età: 40 }

]

*/
```

In questo esempio, slice viene utilizzato per creare un nuovo array che include gli oggetti dal secondo al terzo dell'array originale.

Ecco alcuni esempi pratici per il metodo concat() degli array in JavaScript:

```javascript
const array1 = [1, 2, 3];

const array2 = [4, 5, 6];

const array3 = [7, 8, 9];


const newArray = array1.concat(array2, array3);


console.log(newArray); // Output: [1, 2, 3, 4, 5, 6, 7, 8, 9]
```

In questo esempio, abbiamo tre array distinti (array1, array2, array3) e li abbiamo uniti tutti in un unico array chiamato newArray utilizzando il metodo concat.

Possiamo anche utilizzare il metodo concat per aggiungere un valore o un altro array a un array esistente:

```javascript
const array1 = [1, 2, 3];

const array2 = [4, 5, 6];


const newArray = array1.concat(array2, 7, 8, 9);


console.log(newArray); // Output: [1, 2, 3, 4, 5, 6, 7, 8, 9]
```

In questo esempio, abbiamo utilizzato il metodo concat per unire array1 e array2, ma abbiamo anche aggiunto tre numeri (7, 8, 9) direttamente nell'array risultante newArray.

Ecco alcuni esempi pratici sull'utilizzo del metodo reverse() degli array in JavaScript:

Esempio 1: Reverse di un array di stringhe

```
const arr = ["mela", "banana", "kiwi", "arancia"];

arr.reverse();

console.log(arr); // Output: ["arancia", "kiwi", "banana", "mela"]
```

Esempio 2: Reverse di un array di numeri

```
const arr = [10, 20, 30, 40, 50];

arr.reverse();

console.log(arr); // Output: [50, 40, 30, 20, 10]
```

Esempio 3: Reverse di un array misto di stringhe e numeri

```
const arr = ["mela", 20, "kiwi", 40, "arancia"];

arr.reverse();

console.log(arr); // Output: ["arancia", 40, "kiwi", 20, "mela"]
```

In tutti e tre gli esempi, il metodo reverse() viene applicato all'array originale, modificandolo direttamente e invertendo l'ordine degli elementi. Si noti che l'array originale viene modificato, senza creare un nuovo array.

Ecco un esempio pratico sull'utilizzo del metodo sort() degli array in JavaScript:

Il metodo sort() viene utilizzato per ordinare gli elementi di un array in ordine crescente o decrescente.

```
let numbers = [4, 2, 5, 1, 3];

numbers.sort(); // ordina gli elementi in ordine crescente

console.log(numbers); // output: [1, 2, 3, 4, 5]


let letters = ['d', 'a', 'c', 'b'];

letters.sort(); // ordina gli elementi in ordine alfabetico
crescente

console.log(letters); // output: ['a', 'b', 'c', 'd']


let mixed = [3, 'a', 1, 'b', 2, 'c'];

mixed.sort(); // ordina gli elementi in base al loro valore
ASCII

console.log(mixed); // output: [1, 2, 3, 'a', 'b', 'c']
```

```
let objects = [

  { name: 'John', age: 25 },

  { name: 'Jane', age: 30 },

  { name: 'Bob', age: 20 }

];

objects.sort(function(a, b) {

  return a.age - b.age; // ordina gli oggetti in base all'età crescente

});

console.log(objects);

// output: [{ name: 'Bob', age: 20 }, { name: 'John', age: 25 }, { name: 'Jane', age: 30 }]
```

In questo esempio, abbiamo un array di numeri, uno di lettere e uno di oggetti. Usando il metodo sort(), abbiamo ordinato gli elementi dell'array in ordine crescente, in ordine alfabetico crescente e in base all'età crescente degli oggetti. Nota che il metodo sort() modifica l'array originale. Se si desidera mantenere l'array originale inalterato, è possibile creare una copia dell'array prima di utilizzare il metodo sort().

Ecco alcuni esempi pratici sull'utilizzo del metodo filter() degli array in JavaScript:

Filtrare numeri pari da un array:

```
const numeri = [1, 2, 3, 4, 5, 6, 7, 8, 9];
```

```
const numeriPari = numeri.filter(numero => numero % 2
=== 0);

console.log(numeriPari); // Output: [2, 4, 6, 8]
```

Filtrare le stringhe contenenti una determinata lettera:

```
const parole = ['casa', 'bicicletta', 'albero', 'tavolo'];

const paroleConA = parole.filter(parola =>
parola.includes('a'));

console.log(paroleConA); // Output: ['casa', 'bicicletta',
'albero']
```

Filtrare oggetti in base a una proprietà:

```
const persone = [ { nome: 'Mario', età: 30 }, { nome:
'Luca', età: 25 }, { nome: 'Giulia', età: 35 }, { nome: 'Carla',
età: 28 }];

const personeSottoI30 = persone.filter(persona =>
persona.età < 30);

console.log(personeSottoI30); // Output: [{ nome: 'Luca',
età: 25 }, { nome: 'Carla', età: 28 }]
```

Filtrare elementi di un array che rispettano una certa condizione
complessa:

```
const numeri = [10, 15, 20, 25, 30];

const numeriSottoLaMedia = numeri.filter(numero => {
```

```javascript
  const media = numeri.reduce((acc, cur) => acc + cur) /
numeri.length;

  return numero < media;

});

console.log(numeriSottoLaMedia); // Output: [10, 15, 20]
```

Ecco alcuni esempi pratici sull'utilizzo del metodo map() degli array in JavaScript:

```javascript
// Esempio 1: raddoppio degli elementi dell'array

const numbers = [1, 2, 3, 4, 5];

const doubledNumbers = numbers.map(num => num * 2);

console.log(doubledNumbers); // output: [2, 4, 6, 8, 10]


// Esempio 2: conversione di stringhe in maiuscolo

const words = ['hello', 'world', 'javascript'];

const capitalizedWords = words.map(word =>
word.toUpperCase());

console.log(capitalizedWords); // output: ['HELLO',
'WORLD', 'JAVASCRIPT']


// Esempio 3: creazione di nuovi oggetti

const people = [
```

```javascript
  { name: 'Alice', age: 30 },

  { name: 'Bob', age: 25 },

  { name: 'Charlie', age: 40 }

];

const peopleWithGreeting = people.map(person => {

  return {

    name: person.name,

    age: person.age,

    greeting: `Hello, my name is ${person.name} and I'm
${person.age} years old.`

  };

});

console.log(peopleWithGreeting);

/* output:

[

  { name: 'Alice', age: 30, greeting: 'Hello, my name is Alice
and I\'m 30 years old.' },

  { name: 'Bob', age: 25, greeting: 'Hello, my name is Bob
and I\'m 25 years old.' },

  { name: 'Charlie', age: 40, greeting: 'Hello, my name is
Charlie and I\'m 40 years old.' }

]
```

```
*/
```

In questi esempi, il metodo map viene utilizzato per trasformare un array in un nuovo array, applicando una funzione a ciascun elemento dell'array originale. Nell'esempio 1, la funzione raddoppia ogni elemento numerico dell'array. Nell'esempio 2, la funzione converte ogni stringa dell'array in maiuscolo. Nell'esempio 3, la funzione crea un nuovo oggetto per ogni oggetto nell'array originale, aggiungendo una proprietà "greeting" basata sui valori di "name" e "age" dell'oggetto originale.

Ecco alcuni esempi pratici per il metodo forEach() degli array in JavaScript:

Esempio di utilizzo di forEach() per stampare ogni elemento dell'array:

```
const arr = ["Mela", "Banana", "Arancia", "Kiwi"];


arr.forEach((frutto) => {

  console.log(frutto);

});
```

Output:

```
Mela

Banana

Arancia
```

Kiwi

Esempio di utilizzo di forEach() per calcolare la somma di tutti gli elementi dell'array:

```
const arr = [1, 2, 3, 4, 5];

let sum = 0;


arr.forEach((num) => {

 sum += num;

});


console.log(sum);
```

Output:

```
15
```

Esempio di utilizzo di forEach() per filtrare gli elementi dell'array che soddisfano una certa condizione:

```
const arr = [2, 4, 6, 8, 10];

let divisibiliPerQuattro = [];


arr.forEach((num) => {

 if (num % 4 === 0) {
```

```
        divisibiliPerQuattro.push(num);

    }
});
```

```
    console.log(divisibiliPerQuattro);
```

Output:

```
    [4, 8]
```

Esempio di utilizzo di forEach() per modificare ogni elemento dell'array:

```
    const arr = [1, 2, 3, 4, 5];

    let quadrati = [];

    arr.forEach((num) => {

      quadrati.push(num * num);

    });
```

```
    console.log(quadrati);
```

Output:

```
    [1, 4, 9, 16, 25]
```

Ecco un esempio pratico per il metodo reduce() degli array in JavaScript:

```
const numbers = [5, 10, 15, 20];


// utilizziamo reduce per sommare tutti i numeri nell'array

const sum = numbers.reduce((accumulator, currentValue)
=> {

  return accumulator + currentValue;

});


console.log(sum); // output: 50
```

In questo esempio, abbiamo definito un array di numeri e utilizzato il metodo reduce() per sommare tutti i numeri dell'array. Il metodo reduce() accetta una funzione di callback che viene eseguita su ciascun elemento dell'array. La funzione accetta due parametri: un accumulatore (in questo caso, la variabile accumulator) e il valore corrente dell'elemento dell'array (in questo caso, la variabile currentValue). La funzione deve restituire il valore dell'accumulatore aggiornato. Alla fine del processo di riduzione, il metodo reduce() restituisce il valore finale dell'accumulatore, che rappresenta il risultato della riduzione. In questo esempio, il risultato è la somma di tutti i numeri nell'array, che è 50.

Capitolo 10:

Il ciclo di vita degli eventi in JavaScript

In JavaScript, gli eventi sono azioni che avvengono all'interno di una pagina web, come il clic su un pulsante, lo scorrimento di una pagina, la pressione di un tasto sulla tastiera e così via. Il ciclo di vita degli eventi si riferisce al modo in cui gli eventi sono gestiti dal browser e come possono essere gestiti dal codice JavaScript.

Ci sono tre fasi principali nel ciclo di vita degli eventi: la fase di cattura, la fase di destinazione e la fase di bubbling.

Fase di cattura

Nella fase di cattura, l'evento viene catturato dall'elemento genitore dell'elemento che ha scatenato l'evento. L'evento viene quindi propagato verso il basso nell'albero degli elementi fino a quando non raggiunge l'elemento che ha scatenato l'evento.

Fase di destinazione

Nella fase di destinazione, l'evento viene gestito dall'elemento che ha scatenato l'evento. Questo è il punto in cui il codice JavaScript associato all'evento viene eseguito.

Fase di bubbling

Nella fase di bubbling, l'evento viene propagato nuovamente verso l'alto nell'albero degli elementi. Questo significa che l'evento viene gestito dagli elementi genitori dell'elemento che ha scatenato l'evento.

È possibile gestire gli eventi in JavaScript utilizzando i listener degli eventi. Ci sono due modi principali per aggiungere un listener degli eventi a un elemento HTML: utilizzando l'attributo HTML "on" o utilizzando il metodo addEventListener() in JavaScript.

Esempi:

Utilizzando l'attributo HTML "on":

```
<button onclick="alert('Cliccato!')">Clicca qui</button>
```

In questo esempio, abbiamo aggiunto un listener dell'evento clic al pulsante utilizzando l'attributo HTML "onclick". Quando l'utente fa clic sul pulsante, verrà visualizzato un messaggio di avviso.

Utilizzando il metodo addEventListener() in JavaScript:

```
<button id="myButton">Clicca qui</button>

<script>

document.getElementById("myButton").addEventListener(
"click", function() {

  alert("Cliccato!");

 });

</script>
```

In questo esempio, abbiamo selezionato il pulsante utilizzando il metodo getElementById() e abbiamo aggiunto un listener dell'evento clic utilizzando il metodo addEventListener(). Quando l'utente fa clic sul pulsante, verrà visualizzato un messaggio di avviso.

È anche possibile rimuovere un listener degli eventi utilizzando il metodo removeEventListener().

Esempio:

```
<button id="myButton">Clicca qui</button>
<script>
  function myFunction() {
    alert("Cliccato!");
  }

  document.getElementById("myButton").addEventListener(
  "click", myFunction);

  document.getElementById("myButton").removeEventListener("click", myFunction);
</script>
```

In questo esempio, abbiamo definito una funzione chiamata myFunction() e abbiamo aggiunto un listener dell'evento clic al pulsante utilizzando il metodo addEventListener().

Successivamente, abbiamo rimosso il listener dell'evento clic utilizzando il metodo removeEventListener().

In sintesi, il ciclo di vita degli eventi in JavaScript è una sequenza di fasi attraverso le quali passa un evento. Inizia con la fase di cattura, dove l'evento viene catturato dall'elemento genitore e propagato verso il basso fino all'elemento target. Segue poi la fase di destinazione, dove l'evento viene eseguito nell'elemento target. Infine, c'è la fase di bubbling, dove l'evento viene propagato dall'elemento target verso l'alto fino all'elemento genitore.

Durante il ciclo di vita degli eventi, è possibile registrare funzioni per essere eseguite in risposta a determinati eventi. Ci sono diversi tipi di eventi, tra cui eventi del mouse, eventi di tastiera, eventi di modifica dell'elemento, eventi di caricamento della pagina e molti altri.

Per registrare una funzione per un evento, è possibile utilizzare il metodo addEventListener() dell'oggetto EventTarget. Questo metodo richiede tre parametri: il tipo di evento, la funzione da eseguire e un booleano che indica se l'evento deve essere catturato o meno. Una volta registrata la funzione, verrà eseguita quando l'evento si verifica.

È anche possibile rimuovere le funzioni di gestione degli eventi utilizzando il metodo removeEventListener(). Questo metodo richiede gli stessi tre parametri del metodo addEventListener() e rimuove la funzione di gestione degli eventi dalla lista di funzioni registrate per l'evento.

Inoltre, gli eventi possono essere annullati o interrotti utilizzando i metodi preventDefault() e stopPropagation(). Il metodo preventDefault() impedisce l'azione predefinita associata all'evento, mentre il metodo stopPropagation() impedisce la propagazione dell'evento alle fasi di bubbling e cattura successive.

In conclusione, la gestione degli eventi è una parte importante della programmazione JavaScript e comprendere il ciclo di vita degli eventi e i metodi per la registrazione e la rimozione delle funzioni di gestione degli eventi è essenziale per creare interfacce utente interattive e reattive.

Capitolo 11:

La manipolazione del DOM con JavaScript

Il DOM (Document Object Model) è una rappresentazione ad albero di tutti gli elementi di una pagina web. Utilizzando JavaScript, è possibile manipolare il DOM per aggiungere, rimuovere o modificare gli elementi della pagina.

Per selezionare un elemento del DOM, si può utilizzare il metodo querySelector, che accetta un selettore CSS come parametro e restituisce il primo elemento che corrisponde al selettore. Ad esempio:

```
const elemento = document.querySelector('#id-elemento');
```

Per selezionare tutti gli elementi che corrispondono a un selettore, si può utilizzare il metodo querySelectorAll. Ad esempio:

```
const elementi = document.querySelectorAll('.classe-elemento');
```

Per accedere o modificare il contenuto di un elemento del DOM, si può utilizzare la proprietà innerHTML. Ad esempio:

```
const elemento = document.querySelector('#id-elemento');

elemento.innerHTML = '<p>Nuovo contenuto</p>';
```

Per aggiungere un nuovo elemento al DOM, si può utilizzare il metodo createElement per creare l'elemento e il metodo appendChild per aggiungerlo come figlio di un altro elemento. Ad esempio:

```
const nuovoElemento = document.createElement('div');

nuovoElemento.innerHTML = '<p>Nuovo elemento</p>';


const contenitore =
document.querySelector('#contenitore');

contenitore.appendChild(nuovoElemento);
```

Per rimuovere un elemento dal DOM, si può utilizzare il metodo removeChild del genitore dell'elemento. Ad esempio:

```
const elementoDaRimuovere =
document.querySelector('#elemento-da-eliminare');

const genitore = elementoDaRimuovere.parentNode;

genitore.removeChild(elementoDaRimuovere);
```

Inoltre, esistono anche altri metodi utili per la manipolazione del DOM, come setAttribute, getAttribute, classList per gestire le classi degli elementi e style per modificare gli stili CSS.

La manipolazione del DOM con JavaScript è utile per creare dinamicamente pagine web interattive e reattive agli eventi, come ad esempio la modifica del contenuto di un elemento in base all'input dell'utente o l'aggiunta di nuovi elementi in risposta a un'azione.

Capitolo 12:

L'AJAX con JavaScript

L'AJAX (Asynchronous JavaScript and XML) è una tecnologia che permette di effettuare chiamate asincrone alle pagine web senza doverle ricaricare completamente, rendendo l'esperienza dell'utente più fluida e veloce.

In JavaScript, per utilizzare l'AJAX, si utilizza l'oggetto XMLHttpRequest (XHR), che permette di inviare richieste HTTP e di gestirne le risposte in modo asincrono. Le richieste possono essere di vari tipi: GET, POST, PUT, DELETE e altre.

Esempio di utilizzo di XHR per una richiesta GET:

```
let xhr = new XMLHttpRequest();


xhr.open('GET', 'https://api.example.com/data');


xhr.onload = function() {
  if (xhr.status === 200) {
    console.log(xhr.responseText);
  } else {
    console.log('Errore: ' + xhr.status);
  }
};
```

```
xhr.send();
```

In questo esempio, si crea un nuovo oggetto XHR e si imposta la richiesta GET all'URL 'https://api.example.com/data'. Successivamente, si definisce una funzione da eseguire al termine della richiesta, utilizzando l'evento onload dell'oggetto XHR. Se lo stato della richiesta è 200 (OK), si visualizza la risposta utilizzando la proprietà responseText dell'oggetto XHR.

Esempio di utilizzo di XHR per una richiesta POST:

```
let xhr = new XMLHttpRequest();

xhr.open('POST', 'https://api.example.com/save');

xhr.setRequestHeader('Content-Type', 'application/json');

xhr.onload = function() {
  if (xhr.status === 200) {
    console.log(xhr.responseText);
  } else {
    console.log('Errore: ' + xhr.status);
  }
};
```

```
let data = {name: 'Mario', age: 30};

xhr.send(JSON.stringify(data));
```

In questo esempio, si crea un nuovo oggetto XHR e si imposta la richiesta POST all'URL 'https://api.example.com/save'. Successivamente, si imposta l'intestazione Content-Type a 'application/json', per indicare che i dati inviati sono in formato JSON. Si definisce poi la funzione da eseguire al termine della richiesta, utilizzando l'evento onload dell'oggetto XHR, e si invia la richiesta utilizzando il metodo send dell'oggetto XHR, passando come parametro i dati da inviare in formato JSON.

Inoltre, esistono anche delle librerie JavaScript, come jQuery e Axios, che semplificano ulteriormente l'utilizzo di AJAX, fornendo metodi più semplici e intuitivi per effettuare richieste asincrone.

L'AJAX è molto utile per creare applicazioni web dinamiche e interattive, come ad esempio le pagine web che si aggiornano in tempo reale senza doverle ricaricare, o le applicazioni web che interagiscono con servizi esterni per recuperare o salvare dati in modo asincrono.

Capitolo 13:

La validazione dei dati con JavaScript

La validazione dei dati con JavaScript è un aspetto cruciale nello sviluppo di applicazioni web, in quanto aiuta a garantire che l'utente inserisca solo dati validi e corretti. In questo capitolo vedremo i principali metodi e tecniche per validare i dati in JavaScript.

Una delle tecniche più comuni per validare i dati in JavaScript è l'uso di espressioni regolari, o regex. Le espressioni regolari sono una serie di caratteri che definiscono un modello di testo, che può poi essere utilizzato per verificare se un determinato input dell'utente corrisponde o meno al modello. Ad esempio, possiamo utilizzare una regex per verificare se un indirizzo email è valido:

```
function validateEmail(email) {

  const regex = /^([a-z0-9_\.-]+)@([\da-z\.-]+)\.([a-z\.]{2,6})$/;

  return regex.test(email);

}


console.log(validateEmail('email@example.com')); // true

console.log(validateEmail('invalid-email')); // false
```

In questo esempio, la regex /^([a-z0-9_\.-]+)@([\da-z\.-]+)\.([a-z\.]{2,6})$/ viene utilizzata per verificare se l'indirizzo email inserito dall'utente corrisponde al modello di un'email valida. La funzione test() restituisce true se l'input dell'utente corrisponde alla regex, altrimenti restituisce false.

Un'altra tecnica comune per la validazione dei dati in JavaScript è l'uso di funzioni di callback, che vengono eseguite quando si verifica un determinato evento. Ad esempio, possiamo utilizzare una funzione di callback per verificare se un campo di input è stato compilato correttamente:

```javascript
function validateField(field, callback) {

  if (field.value.trim() === '') {

    callback('Il campo non può essere vuoto');

  } else {

    callback('');

  }

}


const inputField = document.getElementById('input-field');

const errorContainer = document.getElementById('error-container');


inputField.addEventListener('blur', function() {

  validateField(this, function(error) {

    errorContainer.innerHTML = error;

  });
```

```
});
```

In questo esempio, la funzione validateField() viene utilizzata per verificare se il campo di input è vuoto o meno. Se il campo è vuoto, viene chiamata la funzione di callback con un messaggio di errore, altrimenti viene chiamata senza alcun argomento. La funzione di callback viene quindi utilizzata per visualizzare il messaggio di errore all'utente.

Infine, un'altra tecnica per la validazione dei dati in JavaScript è l'uso di librerie e plugin di terze parti, come ad esempio jQuery Validation o Validator.js. Questi strumenti forniscono funzionalità avanzate per la validazione dei dati, come la verifica della lunghezza minima o massima di un campo, la validazione del formato dell'indirizzo email o del numero di telefono, e così via.

In sintesi, la validazione dei dati con JavaScript è una pratica importante per garantire che i dati inseriti dall'utente siano corretti e coerenti con le aspettative dell'applicazione. Ci sono diversi approcci alla validazione dei dati, tra cui la validazione lato client e lato server. La validazione lato client viene eseguita direttamente nel browser dell'utente, mentre la validazione lato server viene eseguita sul server dell'applicazione.

Per implementare la validazione dei dati lato client, è possibile utilizzare diverse tecniche, tra cui la validazione HTML5, la validazione tramite librerie esterne come jQuery Validate e la validazione personalizzata tramite JavaScript puro. È importante tenere presente che la validazione lato client non deve mai essere l'unica forma di validazione, poiché gli utenti malintenzionati potrebbero aggirare le restrizioni imposte dal client.

La validazione lato server è altrettanto importante e viene utilizzata per garantire che i dati ricevuti dal client siano validi e sicuri. La validazione lato server può includere la verifica della presenza dei campi obbligatori, la verifica della lunghezza e del formato dei dati inseriti e la verifica della presenza di caratteri non validi.

In entrambi i casi, la validazione dei dati deve essere integrata nella logica dell'applicazione e deve essere progettata per essere il più robusta e flessibile possibile, in modo da poter gestire qualsiasi situazione che si possa presentare. Con una corretta validazione dei dati, si può migliorare l'affidabilità e la sicurezza dell'applicazione, garantendo una migliore esperienza utente.

Capitolo 14:

La gestione degli errori in JavaScript

La gestione degli errori è un aspetto fondamentale di qualsiasi applicazione JavaScript, in quanto gli errori possono verificarsi in qualsiasi momento durante l'esecuzione del codice. In questo capitolo, esploreremo le diverse tecniche che possono essere utilizzate per gestire gli errori in JavaScript.

Introduzione agli errori in JavaScript

JavaScript fornisce una serie di oggetti di errore integrati, come ad esempio Error, SyntaxError, TypeError e molti altri, che rappresentano i vari tipi di errori che possono verificarsi durante l'esecuzione del codice. Inoltre, è possibile creare oggetti di errore personalizzati per gestire specifici scenari di errore.

Try...Catch...Finally

Try...Catch...Finally è un costrutto di controllo del flusso che consente di gestire gli errori in modo efficace. Il blocco try contiene il codice che potrebbe generare un errore, mentre il blocco catch viene eseguito se si verifica un errore. Il blocco finally viene eseguito sempre, sia che si verifichi un errore o meno.

Esempio:

```
try {

// Codice che potrebbe generare un errore

console.log('Avvio del programma...');
```

```
console.log(x);

console.log('Programma completato.');

} catch(error) {

// Gestione dell'errore

console.log('Si è verificato un errore: ' + error.message);

} finally {

// Esecuzione finale

console.log('Esecuzione terminata.');

}
```

In questo esempio, il codice tenta di accedere alla variabile x, che non è stata definita, generando un errore. Il blocco catch gestisce l'errore e stampa un messaggio che include il messaggio di errore. Infine, il blocco finally viene eseguito, stampando un messaggio per indicare la fine dell'esecuzione.

Throw

Il costrutto throw consente di generare manualmente un errore personalizzato. È possibile utilizzarlo per gestire scenari specifici in cui si verificano errori prevedibili, come ad esempio l'input utente non valido.

Esempio:

```
function validateInput(input) {
```

```
if(input === '') {

throw new Error('L'input non può essere vuoto.');

} else if(isNaN(input)) {

throw new Error('L'input deve essere un numero.');

} else {

return true;

}

}
```

In questo esempio, la funzione validateInput verifica l'input dell'utente e genera un errore personalizzato se l'input è vuoto o non è un numero. La funzione può quindi essere utilizzata per gestire la validazione dell'input utente in un'applicazione.

Conclusioni

In questo capitolo abbiamo esplorato le diverse tecniche che possono essere utilizzate per gestire gli errori in JavaScript. Try...Catch...Finally e Throw sono due strumenti fondamentali per gestire gli errori in modo efficace. Con la giusta gestione degli errori, è possibile migliorare l'affidabilità e la stabilità delle applicazioni JavaScript.

Capitolo 15:

Il debugging in JavaScript

Il debugging in JavaScript è un processo di individuazione e correzione degli errori nel codice. Ci sono diversi strumenti disponibili per il debugging in JavaScript, tra cui i debugger incorporati nei browser, le estensioni di terze parti e gli strumenti di sviluppo integrati (IDE).

In generale, il processo di debugging può essere suddiviso in tre fasi: individuazione dell'errore, isolamento dell'errore e correzione dell'errore.

La fase di individuazione dell'errore è il primo passo nel processo di debugging. In questa fase, l'obiettivo è di individuare il problema che sta causando l'errore. Ci sono diversi modi per individuare un errore, come l'utilizzo di console.log() per stampare i valori delle variabili o l'utilizzo di un debugger per interrompere l'esecuzione del codice in un punto specifico.

La fase successiva è l'isolamento dell'errore. In questa fase, l'obiettivo è di ridurre il problema ad una sezione di codice più piccola e isolata, in modo da poter identificare la causa dell'errore in modo più preciso. Questa fase può comportare l'eliminazione di parti di codice o l'utilizzo di una serie di test per determinare la sezione di codice che causa l'errore.

Infine, nella fase di correzione dell'errore, l'obiettivo è di correggere l'errore identificato. Ci sono diverse tecniche che possono essere utilizzate per correggere un errore, come l'aggiunta di controlli di flusso per gestire situazioni anomale, l'eliminazione del codice superfluo o l'utilizzo di tecniche di refactoring per migliorare la leggibilità del codice.

L'utilizzo di strumenti di debugging integrati nei browser è un modo comune per individuare e correggere gli errori nel codice JavaScript. Ad esempio, il debugger di Google Chrome consente di interrompere l'esecuzione del codice in un punto specifico, esaminare il valore delle variabili e passare attraverso il codice a passi singoli per individuare la causa dell'errore.

Inoltre, ci sono anche estensioni di terze parti disponibili che offrono funzionalità avanzate di debugging, come la visualizzazione dei dati in tempo reale, la traccia degli errori e la visualizzazione della memoria.

Infine, gli IDE possono fornire funzionalità di debugging integrate per semplificare il processo di individuazione e correzione degli errori. Ad esempio, Visual Studio Code offre un debugger integrato che consente di interrompere l'esecuzione del codice in un punto specifico, esaminare il valore delle variabili e visualizzare i punti di interruzione.

In conclusione, il debugging in JavaScript è un processo importante per la scrittura di codice affidabile e privo di errori. Utilizzando strumenti di debugging integrati nei browser, estensioni di terze parti e gli strumenti di sviluppo integrati, gli sviluppatori possono individuare e correggere gli errori in modo rapido ed efficiente.

Capitolo 16:

Conclusioni

In questo corso abbiamo esplorato in dettaglio il linguaggio di programmazione JavaScript, imparando i fondamenti della sua sintassi, delle sue strutture dati e delle sue funzionalità. Abbiamo visto come JavaScript sia un linguaggio di scripting ampiamente utilizzato per la creazione di applicazioni web e mobile, ma anche per la realizzazione di applicazioni desktop e di scripting lato server.

Abbiamo visto come il linguaggio offra una vasta gamma di costrutti per la programmazione, tra cui variabili, operatori, condizioni, cicli, funzioni, oggetti e molto altro ancora. Inoltre, abbiamo approfondito l'utilizzo delle librerie esterne come jQuery e le nuove funzionalità introdotte nelle ultime versioni di ECMAScript.

Abbiamo poi esplorato i principali concetti del DOM e come manipolare gli elementi HTML e CSS tramite JavaScript, fornendo esempi pratici per illustrare i concetti fondamentali come la creazione e la modifica di elementi, la gestione degli eventi e la validazione dei dati inseriti dall'utente.

Abbiamo anche discusso l'AJAX, una tecnica che consente agli utenti di interagire con i dati del server senza dover ricaricare la pagina, e la gestione degli errori e il debugging in JavaScript.

Infine, abbiamo esaminato alcune best practice per la scrittura di codice JavaScript efficiente e organizzato, nonché le modalità di distribuzione di applicazioni JavaScript.

In generale, JavaScript offre una vasta gamma di possibilità per la creazione di applicazioni dinamiche e interattive su diversi dispositivi e piattaforme. Tuttavia, come qualsiasi altro linguaggio di programmazione, richiede una certa conoscenza e pratica per essere utilizzato in modo efficace.

Con questo corso, speriamo di aver fornito una base solida per la comprensione del linguaggio e delle sue funzionalità, nonché di aver fornito strumenti utili per approfondire la conoscenza e la pratica di JavaScript.

Gentile lettore,

Spero che tu abbia apprezzato la lettura di questo libro e che ti sia stato utile per imparare a programmare in JavaScript.

Se hai trovato il libro interessante e utile, ti chiedo gentilmente di lasciare una recensione su Amazon per condividere la tua opinione con gli altri lettori. La tua recensione può essere preziosa per chi sta cercando un libro per imparare a programmare in JavaScript.

Se hai dei consigli o delle critiche costruttive, ti invito a condividerle nella tua recensione. Sono sempre alla ricerca di modi per migliorare i miei libri e la tua opinione è importante per me.

Grazie per aver scelto il mio libro e per prenderti il tempo di lasciare una recensione su Amazon.

Cordiali saluti,

Doran Fields